AF267842

ÉLOGE

DE

M. LE SÉNATEUR Bᵒⁿ CH. DE LADOUCETTE

PRONONCÉ

A L'ACADÉMIE IMPÉRIALE DE METZ

DANS

SA SÉANCE PUBLIQUE ET SOLENNELLE

DU 15 MAI 1870

PAR LE Dᴿ EUG. GRELLOIS, PRÉSIDENT

METZ

F. BLANC, IMPRIMEUR DE L'ACADÉMIE IMPÉRIALE

—

1870

ÉLOGE

DE

M. LE SÉNATEUR B^{ON} CH. DE LADOUCETTE.

ÉLOGE

DE

M. LE SÉNATEUR B^{on} CH. DE LADOUCETTE

PRONONCÉ

A L'ACADÉMIE IMPÉRIALE DE METZ

DANS

SA SÉANCE PUBLIQUE ET SOLENNELLE

DU 15 MAI 1870

PAR LE D^r EUG. GRELLOIS, PRÉSIDENT

METZ

F. BLANC, IMPRIMEUR DE L'ACADÉMIE IMPÉRIALE

—

1870

ÉLOGE

DE

M. LE SÉNATEUR B^{on} CH. DE LADOUCETTE

PRONONCÉ

A L'ACADÉMIE IMPÉRIALE DE METZ

DANS

SA SÉANCE PUBLIQUE ET SOLENNELLE

DU 15 MAI 1870

PAR LE D^r EUG. GRELLOIS, PRÉSIDENT

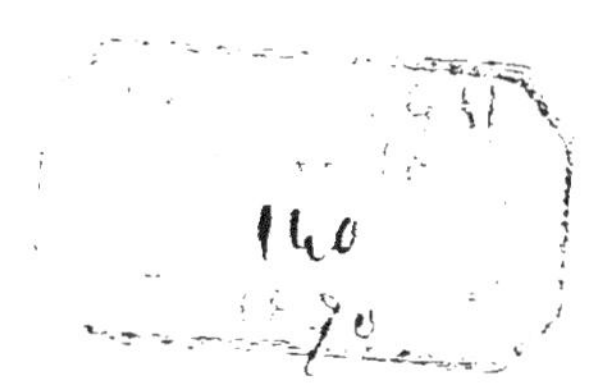

> Les passions nous promettent et nous
> vendent des ombres de bonheur qui passent
> comme un éclair, tandis que la bienfaisance
> nous offre des plaisirs vrais qui ne s'usent
> point, qui se renouvellent toujours et dont
> le souvenir seul est un bonheur.
> (DE SÉGUR. *Disc. de l'Ac. franç.*)

Messieurs,

Je regrette, en vérité, que mes premières paroles,
en présence de l'auditoire distingué qui nous entoure,
soient l'expression d'un mauvais sentiment. Ce sentiment, je le confesse en toute humilité, c'est l'envie.
Pourrais-je, en effet, ne pas porter envie à ceux
de nos collègues qui, tout spécialement voués au

culte des lettres, possèdent le don bien assuré de vous plaire, parce qu'un vaste champ ouvre à leur plume spirituelle ses entrailles d'une inépuisable fécondité ; parce que, maîtres dans l'art de bien dire, ils savent gracieusement exposer les sujets par eux-mêmes les plus gracieux. Toute ma carrière, longue déjà, s'est écoulée dans les régions plus âpres et plus sévères de la science, qui, moins soucieuse de la forme, sait rarement emprunter aux artifices du langage le charme nécessaire pour inspirer l'intérêt et captiver l'attention. C'est donc parmi les motifs de la science, quelque ingrats fussent-ils en mes mains, que j'étais appelé à chercher le texte de ce tribut académique. Mon choix était fait, lorsqu'un évènement, à jamais mémorable dans les fastes de notre compagnie, est venu m'entraîner sur un terrain qui m'est étranger, me jeter dans un ordre d'idées qui ne m'est point familier.

L'un de nos plus éminents compatriotes et collègues, couronnant une belle vie par une mort non moins belle, a bien voulu, par de généreuses dispositions testamentaires, choisir l'Académie impériale de Metz pour continuer, dans l'avenir, l'une de ces œuvres de bienfaisance qui avaient été l'objet le plus constant de ses préoccupations; — distribution annuelle de prix à titre d'encouragements à la vertu.

J'ai nommé M. le Sénateur baron Charles de Ladoucette [1].

Le Président s'empressa, Messieurs, de porter à votre connaissance ces dispositions, appelées à donner

[1] Membre correspondant de l'Académie impériale de Metz depuis 1845.

à notre Société un lustre nouveau, à sa devise l'*Utile* une haute et nouvelle consécration.

Par un vote unanime et spontané, l'Académie accepta la mission si délicate et si honorable que lui confiait le donateur ; elle décida, comme manifestation de sa gratitude, que le buste de M. de Ladoucette serait placé dans la salle de ses séances et qu'elle ferait, en ce jour solennel, connaître la vie de cet homme de bien.

L'Académie pouvait choisir un panégyriste parmi ceux de ses membres qu'un talent éprouvé recommandait à ses suffrages, mais en imposant, en quelque sorte, cet éloge comme texte du discours présidentiel, elle a voulu donner à ce témoignage le caractère le plus officiel, l'expression la plus élevée de ses sympathies. Sans écouter la voix qui m'avertissait de mon insuffisance, j'ai été heureux de m'associer à cette louable pensée, parce que M. de Ladoucette m'honorait dé son amitié, parce que j'avais pu apprécier l'excellence de son cœur, parce que, à défaut d'éloquence, mes paroles devaient être, du moins, un écho de mes sentiments intimes.

Quoi de mieux établi, Messieurs, que la loi physiologique qui préside à la transmission des qualités dominantes des parents à leur descendance? Héritage précieux, puisque la noblesse de race lui doit son existence et son prestige ; mais funeste aussi, puisqu'il imprime au front des enfants la réprobation qui flétrissait le front d'un père coupable. Si le fils d'un grand homme n'est pas nécessairement un grand homme lui-même, si parfois nous voyons le vice donner naissance à la vertu, toujours est-il que chez les uns et chez les autres, on doit s'attendre à trouver, tout au moins, quelques indices de qualités originelles.

La première éducation ne trace pas, dans le cerveau malléable de l'enfant, un sillon moins profond. Si le rôle dominant appartient à la mère, dans l'initiation du jeune être au monde qui s'ouvre devant lui et dans les leçons qui s'adressent du cœur au cœur, nous voyons, aux premières lueurs de l'intelligence, le père apparaître, s'emparer de son fils et ouvrir à son esprit les premiers horizons, suivant la nature et l'étendue de ses propres connaissances.

Il y a donc, Messieurs, plus qu'un simple intérêt de curiosité, dans une étude biographique, à faire sortir de sa tombe la lignée ascendante, pour la faire comparaître au grand jour de l'histoire. C'est un indispensable préliminaire.

Dans le cours du siècle dernier vivait, en notre ville, un médecin du nom de Ladoucette [1]. C'était un homme instruit, expérimenté, jouissant d'une grande considération, possesseur déjà d'une fortune considérable. Il eut l'honneur d'être consulté dans la grave maladie que Louis XV fit à Metz et le bonheur de contribuer à la guérison de Sa Majesté.

Voulant rattacher à cet événement une pensée religieuse, il sollicita et obtint de son royal client la construction du portail actuel de notre cathédrale, comme témoignage de gratitude pour l'intervention divine dans cette guérison [2]. Les archives du clergé

---

[1] Jacques-Augustin Ladoucette, lui-même fils d'un médecin établi à Gorze.

[2] A la manière d'Ambroise Paré, disant d'un malade illustre : « Je le pansay, Dieu le guarit. »

mentionnent, dit-on, quelques mots sculptés à ce sujet dans les dentelles de l'une des parties de l'édifice. Le maréchal de Belle-Isle, gouverneur de la province, le nomma Chirurgien-major des ville et citadelle de Metz, en 1748; le roi, qui avait pu apprécier l'étendue de son zèle et de sa capacité, rendit une ordonnance qui le confirmait dans cette position, constituant alors une charge assez considérable, et lui conféra le titre de chevalier, avec concession d'armoiries renfermant, entre autres indications, *trois feuilles de Doucette*[1].

Son fils, avocat distingué au parlement de Paris, donna naissance, en 1772, à Jean-Charles-François de Ladoucette qui était, avant trente ans, préfet des Hautes-Alpes. Son administration, dans ce département pauvre, arriéré, inculte, ne fut, durant près de huit ans, qu'une suite de bienfaits qui laissèrent son nom populaire dans la contrée : travaux publics de toute nature, fondation de prix destinés à encourager les belles actions, ainsi que les œuvres utiles à l'industrie et à l'agriculture. Voici ce que me racontait un jour, à ce sujet, notre savant et vénérable collègue, M. Dommanget : « Deux de mes fils, officiers d'infanterie, étaient, il y a quelques années, en

---

[1] *Doucette* ou *Mâche commune* (Valerianella olitoria).

Écusson du docteur Jacques-Augustin Ladoucette :
Trois têtes de salade Doucette.

———

Écusson de Mme Jacques-Augustin Ladoucette, née Vaudois :
Un veau et un doigt.

garnison à Briançon et à Mont-Dauphin. À leur retour
à Metz ils prenaient plaisir à me parler des souvenirs
que notre compatriote, M. de Ladoucette père, avait
laissés dans le département des Hautes-Alpes. Sa
mémoire, disaient-ils, est encore en honneur dans ces
contrées abruptes, où des voies de communication,
jugées impraticables avant lui, n'ont pu être établies
que par des efforts persévérants. Ces souvenirs sont
consacrés par des monuments, par des inscriptions,
qu'on rencontre fréquemment au bord des chemins
ou près des torrents, là où cet éminent administrateur
avait fait exécuter les travaux les plus remarquables
et les plus utiles aux populations, souvent à l'aide de
ses propres deniers. »

Mais les habitants de ces montagnes, en élevant
une statue à sa mémoire, ont donné un témoignage
plus récent et plus éclatant encore des services
signalés que leur avait rendus le préfet de Ladoucette [1], services qui lui avaient mérité, en 1809, le
titre de baron de l'empire [2].

---

[1] Cette statue fut inaugurée le 23 septembre 1866, au milieu
d'un concours immense de population, en présence des deux
fils du préfet de Ladoucette. Cette solennité fut l'occasion des
manifestations les plus flatteuses et les plus touchantes pour les
différents membres de la famille, à Gap et dans les autres villes
du département.

[2] Armes de M. le baron Jean-Charles-
François de Ladoucette, données par Napoléon Ier, représentant :

Une montagne des Hautes-Alpes ;

Une fortification ou forteresse surmontée
d'une couronne de lauriers ;

Un coq, signe de la vigilance.

Au bas la croix de la Légion d'honneur.

Voici comment cet écusson est détaillé sur

Appelé, à cette époque, à l'administration du département de la Roër, il apporta, dans ce nouveau
poste, toute l'activité, tout le zèle, toute la libéralité
même qui étaient l'essence propre de sa nature. Au
milieu des circonstances les plus périlleuses, en face
de l'ennemi qui menaçait et bientôt envahissait nos
frontières, il se signala par des actes suffisants pour
assurer la gloire d'un administrateur et celle d'un
soldat [1].

En 1815, après le débarquement de l'île d'Elbe,
l'Empereur, sans s'arrêter aux prières des habitants
des Hautes-Alpes, qui réclamaient leur ancien préfet,
jugea que M. de Ladoucette rendrait des services plus
utiles sur la frontière la plus menacée et servant, en
quelque sorte, de boulevard à la France; il l'envoya
à Metz. Ce magistrat contribua, dans une large
mesure, à la défense du territoire, par la levée de
troupes actives, de volontaires, de gardes nationaux,
autant que par des approvisionnements de toute

le brevet délivré le 31 décembre 1809 : — Coupé : d'azur et d'or ;
l'azur à la montagne d'or sénestrée d'un soleil cantonnée du même ;
l'or au coq de sable, chantant, crété, membré et barbé de gueules
du tiers de l'écu : franc quartier des barons, et pour livrées les
couleurs de l'écu.

[1] Après cinq ans de remarquables travaux, M. de Ladoucette
quittait la Roër où il laissait, non moins que dans les Alpes, de
vifs regrets et un nom vénéré. Il sortit d'Aix-la-Chapelle, sa rési-
dence, après avoir surveillé lui-même le départ des malades et
des blessés, tandis que les Cosaques entraient dans cette ville par
une autre porte. Les habitants, peu soucieux de la vengeance de
l'ennemi, l'escortèrent jusqu'à la route de Liége, où il trouva
vingt mille ouvriers invoquant le ciel pour son retour. Les alliés
se vengèrent d'une telle popularité en faisant main basse sur tout
ce qui lui appartenait en propre et qu'il avait dû abandonner dans
sa retraite précipitée.

nature. De concert avec le général commandant en chef [1], il sut entretenir dans la ville assiégée l'ordre le plus sévère, prévenir toute plainte, toute sédition ; tous deux rejetèrent, avec mépris, certaines propositions de l'ennemi, touchant la reddition de la place [2]. S'il fût tombé au pouvoir des Russes, la Sibérie l'attendait, pour prix de son dévouement à la cause que les alliés venaient combattre. Rentré dans la vie privée, par suite des graves événements de cette époque, M. de Ladoucette refusa toutes les offres d'un gouvernement qui ne répondait point à ses

[1] Aux noms du général de division Miollis et du préfet de Ladoucette, il convient de joindre celui de M. le baron de Gerando, conseiller d'État, nommé à cette époque *commissaire extraordinaire* dans la troisième division militaire (Metz), par le ministre Carnot.

Des attributions étendues étaient attachées à cette position ; ainsi, pendant la courte durée de ses pouvoirs, il remplaça deux chefs de légion, nomma un sous-préfet à Briey (M. Gérard) et un conseiller de préfecture à Metz (M. Berteaux). — L'administration du département n'en restait pas moins toute entière aux mains du préfet.

Personne n'ignore que le haut fonctionnaire qui est l'objet de cette note, était le père de notre honorable et savant collègue, M. le baron de Gerando, procureur général près la Cour impériale de Metz.

[2] Les souvenirs de sa famille ainsi que ses écritures et correspondances établissent :

Que dès que l'Empereur connut les dispositions prises par le jeune préfet, pour conserver les places militaires de la frontière de l'Est, ainsi que pour mettre la ville de Metz en état de résister au blocus qui l'étreignait étroitement, il le nomma comte d'Orly, du nom de la belle propriété que M. de Ladoucette possédait près de Metz, et que le général ennemi, dirigeant l'attaque du chef-lieu de la Moselle, venait de brûler à la suite du refus du préfet et du général Miollis d'entrer en négociations.

M. de Ladoucette ne voulant rien devoir à la Restauration, ne lui demanda pas la confirmation de ce titre.

convictions politiques. Il se consacra tout entier à la culture des lettres [1] et aux soins que réclamait sa jeune famille.

Mais sa courte administration avait laissé, dans notre pays, de trop vivaces souvenirs pour que le département de la Moselle ne cherchât à se rattacher, par de nouveaux liens, un homme aussi versé dans la pratique des affaires et dans la connaissance de nos besoins. En 1834, l'arrondissement de Briey lui confiait le mandat de député, qu'il conserva jusqu'à sa mort, en 1848, malgré les plus actives compétitions. Dans ces nouvelles fonctions, le grand sens de M. de Ladoucette trouva de nombreuses et utiles applications. Il combattit avec talent et succès les propositions relatives au déboisement, présentées plusieurs fois à la Chambre; il avait trop bien pu apprécier, dans les Alpes, les dangers d'un tel régime pour ne pas s'opposer, de toutes ses forces, à sa généralisation. Ce qu'il demandait, au contraire, en s'appuyant sur de solides raisons, c'était le reboisement des montagnes et des terrains inclinés. Il appela, en outre, l'attention du gouvernement sur de nombreuses questions d'intérêt général : agriculture, industrie, instruction publique, voies de communication, biens communaux, etc. On lui doit, sur ces questions, divers rapports remarquables par la justesse des vues et la lucidité de l'exposition.

Mais je ne saurais m'abandonner aux sentiments qu'inspire une existence si noblement remplie ; je

---

[1] Écrivain distingué, M. de Ladoucette est auteur d'ouvrages nombreux qui attestent la variété de ses connaissances et la droiture de son jugement, en agriculture et dans les lettres, l'histoire, l'archéologie.

dois me souvenir que j'ai surtout à vous entretenir
de l'un des fils de cet homme bienveillant, de cet
éminent magistrat. En accordant au père une partie
du temps que je devais au fils, j'ai voulu montrer,
une fois de plus, que, dans certaines familles, l'intelligence et la vertu sont des trésors héréditaires:
j'ai voulu prouver combien l'influence paternelle avait
laissé une profonde empreinte dans l'esprit de M. Ch.
de Ladoucette.

Puis-je, aussi, ne pas consacrer un mot au souvenir de sa mère, objet d'une tendresse si vive et si
méritée? Issue de l'une des familles les plus honorables de Metz [1], elle offrait le modèle accompli de la
femme du monde et de la mère de famille. Voir
Mme de Ladoucette c'était l'aimer; la connaître c'était
la vénérer. Aussi Marie-Louise, séduite par tant de
qualités, voulut-elle se l'attacher comme dame d'honneur. Mais elle refusa cette position brillante, ne
pouvant confier à d'autres le soin de ses enfants,
qu'elle dirigeait dans les voies d'un christianisme
éclairé, indulgent et charitable. La vie toute entière
de Charles ne fut que l'épanouissement de cette
première éducation.

Il naquit à Gap en 1809, mais c'est à Aix-la-Chapelle que s'écoula sa première enfance [2]. M. de

---

[1] Fille unique de M. Gobert, député de la Moselle au Conseil
des Cinq-Cents.

[2] Il eut pour parrain Louis Bonaparte, roi de Hollande, qui
écrivit, à cette occasion, à M. le Préfet de Ladoucette, la lettre
autographe suivante :

« Je charge et prie M. le baron de Ladoucette, préfet du département de la Roër, de vouloir bien me représenter comme parrain
de M. son fils, avec celle que madame désignera pour la représenter.
En ce que cela ne soit pas possible, je désire que Madame X,

Ladoucette, retiré à Paris en 1815, plaça ses fils, dont il surveillait avec soin l'instruction, sous la direction d'un sage et habile précepteur, l'abbé Louis. Aux cours du collège Bourbon [1], qu'ils suivaient comme externes, ils obtinrent des succès universitaires; ils jouirent même de l'honneur de nominations aux grands concours.

Franchissons rapidement cette période durant laquelle l'adolescent apprend à devenir homme. Nous arrivons à 1830. — La France frémissait encore de sa révolution de trois jours. L'Europe, profondément émue de la chute d'un gouvernement dont ses forces coalisées avaient favorisé le retour, semblait menacer d'une nouvelle invasion le sol ébranlé de la patrie. L'appel aux armes retentissait sur tous les points du territoire. Charles de Ladoucette était resté, jusqu'alors, indécis sur le choix d'une carrière, mais le métier des armes, s'offrant à ses yeux avec tout le prestige de services à rendre et de gloire à acquérir, promettait une ample satisfaction à ses généreux instincts. Déclaré admissible à l'École polytechnique en 1830, il avait été attaché à l'état-major du lieutenant-général comte Roguet, alors gouverneur de la ville de Paris; puis, admis en qualité de sous-lieutenant à l'École de cavalerie de Saumur, il en sortait, en 1832, pour être placé au 5e régiment de dragons, commandé par l'un de nos compatriotes, le colonel

femme du maire d'Aix, veuille avoir cette complaisance, en donnant en même temps des noms au jeune enfant.

» Au camp de Tilsitt, ce 11 août 1811.

» Signé : Louis NAPOLÉON.

» Je ne prends ici d'autre nom que celui de M. de Saint-Leu. »
[1] Aujourd'hui Lycée Bonaparte.

Kœnig. Il fit, avec ce régiment, la campagne de
Belgique, prit part au siége de la citadelle d'Anvers,
et, dans les rares occasions qui se présentèrent,
notamment dans une reconnaissance dont le com-
mandement lui était confié, se fit distinguer comme
un officier d'avenir, par son entente parfaite des besoins
et des difficultés du service de guerre. A l'issue de cette
campagne, le Roi, sur le rapport du Duc d'Orléans,
lui fit remettre un sabre d'honneur. Mais cette expédition militaire fut de courte durée, et tout faisait
présager une paix qui se conclut bientôt, en effet, et
que rien ne vint de longtemps troubler. La vie de
garnison, avec son inaction forcée, ne pouvait convenir
à notre jeune officier : instruit, animé de l'amour du
travail qu'il avait contracté dès ses premières années ;
désireux de jouer un rôle plus actif et plus immédiate-
ment utile au pays, il donna sa démission en 1837,
pour suivre une voie plus conforme à ses goûts et
à la nature de son intelligence [1].

[1] Lettre adressée par le colonel Kœnig à M. le général de
Blanquefort, à Beauvais, à l'appui de l'offre de démission de
M. Ch. de Ladoucette :

    « Mon général,

» J'ai l'honneur de vous adresser une demande faite par M. Ch.
de Ladoucette, sous-lieutenant au régiment que je commande, à
l'effet d'obtenir l'approbation de sa démission.

» M. de Ladoucette est un officier distingué, a toujours fait
preuve de zèle et de dévouement depuis qu'il est au corps ; il y est
entré à une époque où l'on pensait généralement que la guerre
aurait lieu et qu'il pourrait payer sa part de la dette que
chaque français doit acquitter envers le pays ; mais aujourd'hui,
qu'il croit la paix assurée pour longtemps, il renonce à suivre
notre carrière, qui n'a jamais été fort en rapport avec ses goûts
et ses études antérieures. Désirant prendre une autre direction, il
me demande de lui faire obtenir de M. le Ministre de la guerre

Prenant la place que son frère aîné laissait vacante par sa nomination de sous-préfet, il entra au Conseil d'État en qualité d'auditeur. C'est vers la haute administration qu'il dirige, désormais, toutes les forces vives de son esprit. Quelques années plus tard il montre l'étendue et la portée de ses vues par la publication d'un écrit [1] qui lui mérite les éloges les plus flatteurs et le titre de maître des requêtes.

La Société centrale et royale d'agriculture, frappée de voir rester en friches le septième des biens du royaume, les deux tiers de ce sol inutile appartenant aux communes, avait offert une médaille d'or de 2000 francs au meilleur travail sur l'historique de cette situation, et sur les moyens d'y remédier. Ce prix fut remporté par M. Ch. de Ladoucette. Les éléments du travail qu'il publia sur ce sujet lui avaient été inspirés par un voyage en Normandie, dans le Berry et la Sologne, et par la culture, qu'il dirigeait lui-même, d'une terre de famille à Viels-Maison (Aisne). Comparant les modes de culture et de location dans ces différentes contrées, il donne la préférence au mode tendant à associer le propriétaire au fermier.

Le Conseil d'État suffisait aux rêves d'avenir de M. de Ladoucette. S'élever au niveau des attributions variées et litigieuses de cette haute magistrature, telle était sa suprême ambition. Mais une autre carrière, plus brillante encore, devait s'ouvrir devant lui.

Après dix-huit ans de règne la branche cadette

l'acceptation de sa démission. J'appuie donc, quoiqu'à regret, auprès de vous, la demande de M. de Ladoucette, en vous priant, mon général, d'en presser l'expédition..... »

[1] *Le Conseil d'État en France, de son origine à 1846.*

avait suivi, dans sa chute, la branche ainée des Bourbons. Cette révolution avait enlevé à M. de Ladoucette sa position de maitre des requêtes. Sous une nouvelle forme de gouvernement, la Constitution toute entière était à reviser; une législation nouvelle devait modifier une législation devenue, sur bien des points, en désaccord avec la situation. Les électeurs de la Moselle choisirent M. Ch. de Ladoucette pour représenter notre département à l'Assemblée législative. Sur neuf membres élus son nom sortit de l'urne le deuxième.

C'est devant cette Assemblée qu'il posa la première base d'un code rural, en démontrant la nécessité de résoudre les nombreuses questions naissant des rapports de l'homme avec le sol. Son nom restera attaché à la création de ce code, d'une si haute importance pour nos campagnes et qui est enfin sur le point d'aboutir, après plusieurs années d'enquêtes et de consciencieuses études.

Élu, la même année, membre du Conseil général de la Moselle, il était appelé en 1852, par le chef du pouvoir exécutif, à présider les travaux de cette réunion. Lors de l'installation du bureau, le nouveau président sut résumer avec bonheur, dans une rapide et lumineuse improvisation, la situation de la France et les circonstances qui avaient, le 2 décembre, si profondément modifié notre organisation politique. Sa qualité de membre du Corps législatif donnait à M. de Ladoucette toute autorité pour apprécier cette situation.

Après les événements qui se rapportent à cette date, il fit partie de la Commission consultative.

Nous ne le suivrons point, Messieurs, dans la part qu'il put prendre aux luttes qui agitaient et agitent

encore notre société; c'est un terrain brûlant sur
lequel il nous est interdit de nous engager. Qu'il
nous suffise de rappeler qu'élevé dans les traditions
d'une constante fidélité à l'Empire, même abattu,
qu'admirateur des gloires de notre grande épopée
française, il avait salué avec enthousiasme une forme
de gouvernement qui plaçait à la tête de la nation
un prince dont il avait partagé les premiers jeux,
et dont le nom réveillait tant de glorieux souvenirs.
D'ailleurs, loin d'aspirer à jouer un grand rôle
dans le domaine de la politique, M. de Ladoucette
se complaisait dans des sphères moins ardentes,
mieux harmonisées avec sa calme et pacifique
nature.

Il attachait une grande importance au développement de l'instruction primaire. Après avoir rappelé,
dans un de ses discours d'ouverture de la session
du Conseil général, les améliorations apportées au
sort des instituteurs, il ajoute : « Le ministre désire
aussi arriver à ce que des bibliothèques soient affec-
tées à chaque école et à ce qu'un jardin y soit annexé.
Par ce moyen, le maître pourra donner à ses élèves
des leçons pratiques d'agriculture et d'horticulture,
et les entretenir ainsi dans le goût de ces professions
si utiles et si honorables. C'est par des mesures de
ce genre, dit-il encore avec une haute raison, que
l'on répand de plus en plus, dans les classes ouvrières, l'instruction qui prend, chaque année, un si
grand accroissement, et non par des moyens coercitifs
et obligatoires qui répugnent au caractère français,
ainsi qu'aux principes de la liberté et de la puissance
paternelles. »

L'état et l'amélioration des chemins vicinaux furent
encore l'objet de l'attention constante de M. de La-

doucette, pendant les dix-neuf ans de sa présidence
du Conseil général.

Remontons à 1852. Le Prince-Président, élevant un
nouveau sénat sur les ruines de la pairie renversée,
comprit dans la première liste de sénateurs notre
éminent compatriote, dont il avait pu déjà apprécier
tout le dévouement, l'intelligence et la valeur admi-
nistrative. M. Ch. de Ladoucette fut à la hauteur de
cette grande position. Chaque année plusieurs rapports étaient confiés à ses soins, sur toutes les questions
relatives à l'agriculture, au bien des campagnes, à
l'instruction primaire. Infatigable ouvrier de la pensée,
il fut un des promoteurs les plus actifs de mesures
propres à améliorer la condition matérielle et morale
de l'ouvrier des champs. Nous le voyons ainsi s'élever,
avec énergie, contre l'extension abusive, dans les vil-
lages non moins que dans les villes, de ces maisons
où le travailleur va, dans l'ivresse, perdre sa santé et
dépenser le modique salaire sur lequel repose la vie
de sa famille. Lorsque la peste bovine désole nos campagnes, ce fléau devient l'objet de sa sollicitude, dont
il transmet l'expression au gouvernement. Le traitement de ces animaux était, trop souvent, abandonné à
des empiriques usurpant le titre de vétérinaires ; il
s'associe à une pétition adressée au Sénat, dans le but
de redresser ces abus. Pour le typhus des bêtes à
cornes, fléau non moins ruineux, il sollicite et obtient
du gouvernement une indemnité en faveur des pro-
priétaires de ces animaux atteints. La conservation
des forêts lui paraît tellement importante qu'il propose,
à plusieurs reprises, le dégrèvement des impôts qui
pèsent sur cette partie, si peu productive, de la
propriété foncière.

Un de ses collègues au Sénat (M. Hubert Delisle)

avait qualifié l'agriculture de premier des arts de la paix. Il complète l'expression de l'orateur par cette pensée patriotique qui résume toute son estime pour cette féconde nourrice des nations. « Si l'agriculture désire, si elle aime la paix, elle sait aussi payer largement sa dette dans les circonstances où la France est obligée de faire ou de supporter la guerre. Elle fournit à nos armées leur plus nombreux et plus solide contingent. »

Lorsque l'Etat, désireux de donner satisfaction aux plaintes nombreuses soulevées par les entraves qui gênent le développement de la richesse agricole, ordonne qu'une enquête soit faite sur cette situation, M. de Ladoucette expose au Sénat, au pays, les améliorations apportées au régime des campagnes par l'initiative gouvernementale ; exprime combien il apprécie cette paternelle mesure et en remercie le pouvoir au nom des agriculteurs de France. Il est ensuite chargé de la présidence d'une des grandes commissions auxquelles fut confié le soin de résumer cette vaste information et de faire des propositions au gouvernement.

A l'époque de sa mort il devait réclamer, dans un rapport au Sénat, la suppression des jeux de Monaco, sollicitée par les habitants de Nice, au nom de la morale publique.

Dès qu'une question d'économie politique était agitée par l'opinion, il la soumettait à une étude approfondie, et les nombreuses brochures qu'il a publiées, soit avant son entrée à la Chambre législative, soit après son admission au Sénat, peuvent être comptées, dans les travaux de cet ordre, parmi les plus utiles et les plus recommandables.

C'est ainsi que, par une incessante activité, non

moins que par l'aménité de ses relations, il avait su
conquérir une place importante dans la première
assemblée de l'État, qui lui confia plusieurs fois les
fonctions de secrétaire et celles de président ou de
rapporteur dans les commissions spéciales.

En 1867, M. de Ladoucette avait été invité, par
le ministre de l'instruction publique, à présider la
distribution des prix du lycée de Metz. Je ne résiste
point, Messieurs, au désir de vous rappeler deux
passages de l'allocution, si pleine d'une gracieuse
bienveillance envers la jeunesse, qu'il prononça en
cette circonstance :

« C'était sous le premier empire, en 1815. Mon
père, alors préfet de la Moselle, se rendait au lycée,
faisait rassembler, au son du tambour, comme c'était
l'usage à cette époque, les jeunes gens qui s'y trou-
vaient. Ce n'était pas pour présider pacifiquement
une distribution de prix. L'ennemi avait envahi la
France. Il était aux portes de Metz. Il fallait couvrir
la ville, l'empêcher de tomber entre les mains de
l'ennemi et de perdre sa réputation jusque-là sans
tache. L'armée était occupée au dehors. Les inva-
lides, les anciens soldats, les gendarmes, les gardes
champêtres, avaient été convoqués de tous les points
du département. Ils ne suffisaient pas pour la défense
de la ville. « Mes jeunes amis, leur dit le préfet, vos
pères sont à la frontière, autour de l'Empereur, et il
ne sera pas donné à nous tous, qui restons ici, de
voir la ville de Metz, pour la première fois, prise par
l'ennemi. Je viens vous proposer de vous rendre sur
les remparts et de vous mettre, dans ce moment
solennel, à la disposition du général chargé de la
défense. Vous m'y trouverez et Dieu protégera nos
efforts en conservant à la France la ville confiée au

patriotisme de tous ses bons citoyens. » Cet appel
fut entendu ; les élèves se rendirent sur les remparts,
comme firent aussi, à la même époque, les élèves de
l'École polytechnique à Paris. Metz fut sauvé [1]. »

Sans doute, un semblable appel ne pouvait trouver d'indifférents dans l'ardente jeunesse de notre
valeureuse cité. Mais, nous concevons tous avec quelle
légitime fierté le fils du magistrat devait rappeler à
son enthousiaste auditoire un tel fait, non moins
honorablé pour la mémoire de son père, que flatteur
pour la génération actuelle, descendant de ces héros
imberbes.

Je cite encore, Messieurs :

« L'esprit se repose en présence de cette gaieté
si naturelle et si insouciante du jeune âge, qui n'a
point encore ressenti ces chagrins auxquels personne,
ici-bas, ne peut échapper dans le cours de sa vie.
Le cœur se complait dans ces régions sereines, d'où
sont bannies les agitations du monde et les déceptions
qui viennent malheureusement, chaque jour, détruire
nos plus chères illusions. »

Que de douceur, que d'amertume à la fois, dans
ces quelques paroles, allusion trop directe à la perte
déchirante qu'il venait d'éprouver et qui devait, sur
le reste de sa vie, jeter un voile de profonde tristesse.

Sa fille unique, douée de tous les charmes qui font
l'ornement de la société et du foyer domestique, mariée
depuis un an au comte de Mun [2], était morte en 1865,
à l'âge de vingt ans. Ne nous arrêtons point, Messieurs,

---

[1] Cette anecdote ayant échappé aux biographes de M. de Ladoucette père, il nous a semblé que sa place était indiquée dans cette
notice.

[2] M. le comte de Mun est petit-fils du célèbre Helvetius, et neveu
de Mlle de la Ferronnay, auteur des *Récits d'une sœur*.

sur un aussi terrible malheur, qui enlève à jamais toute joie dans la famille qui en a été frappée. M. de Ladoucette était déjà signalé par son inépuisable charité, mais sa vie semble, dès lors, se renfermer entièrement dans des actes de bienfaisance. Privé de l'enfant objet de sa tendresse, il reporte son amour sur ceux auxquels un appui est nécessaire dès leur entrée dans la vie.

Mme la baronne de Ladoucette[1], non moins atterrée par ce coup douloureux, s'associe plus intimement aux dispositions généreuses de son mari. C'est ainsi que, d'un commun accord, ils développent le patronage des jeunes ouvrières, jusqu'à compter dix mille jeunes filles placées, dans les différentes paroisses de Paris, sous la direction des sœurs de Saint-Vincent-de-Paul.

Les restes mortels de la jeune comtesse reposent au château de Drancy, confiés à la garde de religieuses appartenant à cette communauté[2]. M. et Mme de Ladoucette, voulant que leur fille devînt l'ange tutélaire de l'infortune, ont fondé, dans cette même demeure qui semblait ne devoir abriter que l'opulence, un asile de convalescentes, pour leurs intéressantes patronnées ; elles y sont admises durant tout le temps, si pénible à traverser pour la classe ouvrière, qui s'écoule entre la maladie et le retour au travail.

La bonté de cœur de M. de Ladoucette s'exprimait par de sages maximes, qu'il savait si bien mettre en

---

[1] Fille de M. Thibault, notaire à Paris, administrateur du Crédit foncier de France, mariée à M. Ch. de Ladoucette en 1842.

[2] Le monument funèbre est dû à un habile sculpteur de Metz, M. Pêtre.

pratique. « La charité, dit-il un jour, est une vertu
qui résume toutes les autres. Dans l'arène antique,
on applaudissait à la férocité des lions, au gladiateur
tombant avec grâce. Dans celle de notre temps, on
applaudit aux actes généreux et on décerne des
palmes à la vertu. »

« La vraie vertu est modeste ; elle met son honneur
à se cacher ; nous devons mettre le nôtre à la découvrir. » Quelqu'un disait devant lui : « Il n'y a plus
de riches aujourd'hui. » « C'est vrai, répondit-il vi-
vement, il y a tant de misères à secourir. »

Les actes intimes de sa bienfaisance nous sont et
nous seront toujours en partie inconnus. Mais que
d'indiscrétions ont été commises par la misère des
mansardes, par celle du chaume et par les nombreuses
associations philanthropiques dont il était un des
membres les plus actifs.

Qu'on me permette aussi de dévoiler un de ces
secrets, trahi par la reconnaissance :

Le fils d'anciens serviteurs de la famille de Ladoucette, devenus de chétifs artisans, allait tirer à la
conscription. Plein d'inquiétude il court chez le sénateur dans l'espoir de trouver en lui un protecteur
efficace. Il était assurément utile, nécessaire même,
à ses vieux parents, mais il ne présentait aucun motif
légal d'exemption. M. de Ladoucette ne put le lui
dissimuler. Mais, lui dit-il, allez en paix ; vous êtes
un honnête garçon, Dieu aidant, vous tirerez un bon
numéro. Triste désillusion, le n° 17 sort de l'urne
fatale ! Le jeune conscrit retourne chez son protecteur
qui, devinant tout d'abord le motif de cette seconde
visite, s'empresse de lui dire : « Le bien profite toujours, votre piété filiale vous mérite ces 2000 francs.
Acceptez-les, achetez un remplaçant et soyez à

vous - même votre débiteur pour ce qui vous arrive aujourd'hui. »

M. de Ladoucette blâmait les hommes, non-seulement du mal qu'ils font, mais encore de celui qu'ils laissent faire ou qu'ils encouragent par leur coopération, leur présence ou même leur silence. « Ainsi, dit-il, nous voyons malheureusement représenter sur nos théâtres, insérer dans les ouvrages de nos romanciers, décrire dans les feuilletons de certains journaux, bien des scènes, des idées, des sentiments contraires à la morale et aux bonnes mœurs. Eh bien! ces hommes auxquels je m'adresse, ne devraient pas aller voir ces mauvaises pièces, lire ces mauvais livres, acheter ces mauvais journaux. Il faudrait que, par leurs actes, par leur langage, par leur abstention, ils protestassent contre la funeste invasion de ces doctrines qui pervertissent les populations. »

Le titre héréditaire de baron était passé de M. de Ladoucette père à M. Eugène de Ladoucette, son fils aîné; l'Empereur conféra le même titre au sénateur, son second fils. Sans parler de ses décorations étrangères, il était commandeur de la Légion d'honneur et officier de l'instruction publique [1].

Mais, parmi tant de titres capables de flatter la vanité, il en est un qu'il semblait mettre au-dessus des autres, et c'était, sans nul doute, le plus modeste de tous. Ce titre était celui de président de la Société nationale d'encouragement au bien, que cette compagnie, créée sous ses auspices, lui avait conféré

---

[1] L'écusson armorié du baron Charles de Ladoucette est le même que celui de son père; il est seulement surmonté d'un casque en souvenir de ses services au 5ᵉ régiment de dragons, et au-dessous du coq chantant se trouve un sabre de cavalerie, rappelant son sabre d'honneur.

depuis sa fondation. Il avait présidé aussi la Société pour le développement de l'instruction primaire, importante association instituée par le ministre Carnot, en 1846.

M. de Ladoucette, depuis la mort de sa fille, habitait, rue de Chaillot, un hôtel dans lequel il vivait isolé du monde. Mais chaque matin, dès cinq heures, il était à son cabinet de travail, cherchant, par des occupations continues, toutes concentrées dans l'accomplissement du bien, une diversion à sa tristesse. Une clientèle nombreuse de solliciteurs et de malheureux vint s'ajouter à celle dont il avait hérité de son père et qu'il avait incessamment augmentée. Bientôt, en effet, il connut les besoins religieux, moraux et matériels de son nouveau quartier, les souffrances d'une partie de la population qui l'entourait et s'en fit, près de l'autorité, l'éloquent interprète. Il demanda une église, des écoles, un bureau de bienfaisance, organisa des sociétés de secours mutuels, etc. Le préfet, dans sa confiance en l'homme de cœur qui ne lui laissait pas de trêve, promettait et accordait, dans la limite du possible, sous la condition que M. de Ladoucette resterait son collaborateur dans ces utiles fondations.

Maire de son arrondissement (le huitième) depuis deux ans, c'est dans cette mission de dévouement qu'il contracta la maladie qui devait l'enlever en si peu de jours. Dans ces fonctions municipales, il trouvait d'incessantes occasions de faire acte de charité et de bienfaisance. Voulant se rendre, par lui-même, compte d'une épidémie qui sévissait sur ses administrés, il multipliait ses visites aux malades dans les quartiers pauvres de son arrondissement. Le mardi, 7 décembre, après plusieurs de ces visites,

M. de Ladoucette fut pris, dans la soirée, de frissons et de fièvre, prodromes d'une variole confluente qui ne tarda pas à se déclarer avec les symptômes les plus alarmants. Les habiles médecins qui lui prodiguaient leurs soins perdirent bientôt l'espoir de le sauver.

Il conserva sa lucidité presque jusqu'au dernier moment ; le dimanche soir, jouissant de la plénitude de son esprit, il reçut les secours extrêmes de la religion. — Acte de dévouement, acte de piété, tel fut, à ses derniers jours, le résumé de sa vie toute entière.

Ainsi s'éteignit, dans toute la force de son intelligence, cet homme de bien, modèle d'affabilité, de courtoisie, de fidélité au devoir ; d'une simplicité antique, imposant à tous l'affection, à beaucoup le respect ; plein de foi chrétienne, sans ostentation comme sans faux respect humain.

De nombreuses expressions de regrets et de sympathie, réunissant dans une cordiale entente les plus augustes et les plus humbles témoignages, vinrent, du moins, apporter quelque soulagement à la trop légitime douleur de sa famille [1].

Les dispositions testamentaires de M. de Ladoucette, prises isolément et à différentes époques, avant que rien ne fît prévoir la réalisation de ses volontés suprêmes, n'étaient que la dernière expression des

[1] Un éloge remarquable fut prononcé aux funérailles de M. de Ladoucette, à Viels-Maison, par M. Mongis, président à la Cour impériale de Paris et vice-président de la Société d'encouragement au bien. — Parmi les témoignages de sympathie adressés de Metz à sa famille, nous citerons ceux de MM. Darnis, premier président ; Paul Odent, préfet ; Moisson, président du tribunal de première instance.

pensées bienfaisantes qui l'avaient toujours animé, mais qui, depuis les jours de douleur, semblaient le but et le mobile unique de sa vie. Permettez-moi, Messieurs, de mettre sous vos yeux celles de ces dispositions qui ont pour nous un intérêt direct [1].

« J'ai toujours trouvé très-utile et très-touchante la fondation Montyon [2] et la distribution de prix de

[1] Je transcris avec bien du plaisir l'extrait suivant d'une lettre que M. le député Eugène de Ladoucette m'a fait l'honneur de m'adresser : « Je tiens à vous dire tout de suite que nous avons applaudi au sentiment généreux et élevé qui a inspiré à mon frère la pensée du legs fait à votre honorable compagnie. Dans son désir touchant de continuer, même après sa mort, la réalisation des idées de bien dont il avait fait le but de sa vie, il a voulu ouvrir une nouvelle ère d'encouragement à la pratique de la vertu et de la charité. Il ne pouvait, dès lors, remettre en meilleures mains, confier à des lumières plus certaines le soin d'attribuer, en faveur de ses compatriotes, au chef-lieu du département berceau de notre famille, comme il le dit lui-même, les prix qu'il a voulu créer à l'exemple de ceux que l'Académie française doit à M. de Montyon. »

[2] Aucun nom n'est plus populaire que celui de M. de Montyon ; cependant, tant de rapprochements peuvent être faits entre lui et M. Ch. de Ladoucette, qu'il n'est peut-être pas hors de propos de rappeler brièvement quelques points de sa vie. Ces deux hommes de bien sont, en quelque sorte, deux médailles frappées à la même effigie.

Administrateur dévoué d'une des belles provinces de France, l'Auvergne, M. de Montyon consacrait sa grande fortune au bien du pays dont il était devenu la Providence, et, lorsque les événements le forcèrent à l'émigration, son cœur lui indiqua les moyens d'entretenir, pendant de longues années, son souvenir vivant parmi ces bonnes et loyales populations. Il ne sut pas moins se faire bénir par ses malheureux compagnons d'exil.

En 1783, il avait fondé un prix anonyme pour un acte de vertu d'un français pauvre ; cette fondation avait sombré dans le grand naufrage de nos institutions, mais le *philanthrope inconnu* la rétablit en 1815, à son retour, et en créa de nouvelles.

vertu qui est faite chaque année par l'Académie française à Paris. La publicité donnée aux bons exemples
et aux bonnes actions ne peut qu'encourager la vertu.
C'est un faible antidote aux récits de crimes et de
vices dont les journaux se plaisent à entretenir chaque
jour leurs lecteurs.

» Je voudrais que cette utile pensée de Montyon
se répandît et se multipliât. Je voudrais que des
personnes bienfaisantes fissent des legs de même
nature, proportionnés à leur fortune, aux académies
qui existent dans les départements. Ce serait là une
bonne décentralisation, celle de la vertu et de la charité. Ce serait aussi fournir à ces utiles associations
un élément de vie, une intéressante et chrétienne
occupation.

» Voulant en donner l'exemple, dans la limite de
mes forces, j'ai choisi le département de la Moselle,
berceau de ma famille et dans lequel mon père et
moi avons trouvé, pour notre carrière politique, tant
de sympathie et d'affection.

» J'ai choisi l'Académie établie à Metz, qui se

Il aimait, sous le voile de l'anonyme, à secourir le talent néces-
siteux, et plus d'un savant dut à sa générosité seule de franchir
ces débuts difficiles qui préludent si souvent à de grandes destinées.
Voici ce que raconte un de ses biographes [1] : « On lui indiqua un
jour un jeune littérateur s'annonçant avec éclat et qui manquait
des dons de la fortune. M. de Montyon lui fit offrir une pension,
mais ne voulut point être nommé. « Je n'accepte le bienfait, dit
le jeune écrivain, qu'à condition de connaître mon bienfaiteur. »
Le combat dura quelque temps, mais il n'y eut aucun moyen de
fléchir ni la modestie de l'homme d'État, ni la délicatesse de
l'homme de lettres. »

Ses actes de bienfaisance reçurent, par ses dernières volontés,
un immense développement.

[1] Ch. Lacretelle, né à Metz en 1763.

recommande par d'importants travaux. A cet effet,
de mon plein mouvement, ayant toute la disposition
de ma pensée et de mon esprit, je donne et lègue à
l'Académie impériale de Metz les maisons que je
possède dans cette ville, place d'Austerlitz, 28 et 30,
et place du Quarteau.

» Afin qu'après avoir été autorisée à accepter ce
legs elle jouisse de ces maisons, qui ne sont grevées
d'aucune hypothèque, en toute propriété, aux clauses
et conditions suivantes : le revenu de ces maisons
sera employé à fonder des prix de vertu qui seront
décernés, chaque année, en séance publique et solennelle, aux personnes habitant le département de
la Moselle, qui en auront été jugées dignes par
ladite Académie, après une enquête scrupuleuse et
sévère.

» L'Académie fixera elle-même le nombre et la
répartition de ces prix et fera un règlement à ce
sujet. Je l'engage à suivre, autant que possible, les
règles qui ont été adoptées, en pareille matière, par
l'Académie française.

» Si, une année, il ne se trouvait pas de candi-
dats en nombre suffisant et d'un mérite suffisamment
reconnu pour obtenir ces prix, la somme restant
disponible serait répartie sur la distribution de l'année
suivante. Il vaut mieux ne rien donner que de donner
à des personnes qui n'en seraient pas complétement
dignes. On affaiblit l'effet moral des récompenses que
l'on décerne légèrement.

» Bien que laissant toute latitude d'appréciation à
l'Académie, j'exprime cependant la pensée que des
actes continus valent mieux qu'une action isolée,
quelque belle qu'elle soit, et que les vertus de
famille doivent être préférées à celles qui s'adres-

sent à des étrangers. La famille est la base de la société [1]. »

. . . .

Les manifestations de l'intelligence avaient seules, jusqu'à ce jour, occupé notre compagnie ; désormais son action va donc s'étendre, aussi, sur des manifestations de l'ordre moral, à l'instar de l'Académie française. Mais le cœur et le cerveau sont également

[1] Voici l'ensemble de ces dispositions testamentaires, concernant les départements de la Moselle et des Hautes-Alpes :

« Je désire témoigner mon souvenir et ma reconnaissance au département de la Moselle, berceau de ma famille et source de la position politique que j'ai occupée.

» Je désire donner un témoignage de confiance au Conseil général de ce département, que j'ai longtemps présidé et où j'ai eu de si bonnes et si affectueuses relations.

» Je désire faire un acte qui prouve l'intérêt que j'ai toujours porté à l'agriculture et qui contribue, dans sa mesure, à ce résultat si désirable de retenir les ouvriers dans la campagne.

» Une combinaison donnant à quelques-uns d'entre eux la possibilité d'être exonérés du service militaire, charge qu'ils redoutent plus que toute autre, m'a paru répondre à cette pensée.

» A cet effet, libre de mes actes et sain d'esprit, je fais la disposition suivante :

» Je donne et lègue au département de la Moselle le terrain en nature de bois taillis et futaie, dit le bois Saint-Martin, que je possède près la ville de Briey, département de la Moselle, et qui contient 92 hectares 74 ares 56 centiares.

» Je mets à ce legs les conditions suivantes :

» Le bois Saint-Martin ne pourra être vendu, ni défriché. Il sera géré suivant les règles administratives et sous le contrôle du Conseil général. Les revenus en seront placés, chaque année, en rentes sur l'État ; les revenus capitalisés, avec les intérêts des intérêts, formeront une masse qui servira à exonérer du service militaire, en le rachetant, le cultivateur qui aura obtenu le premier prix de labourage dans le concours régional de la contrée à laquelle le département de la Moselle est annexé. Si l'organisation actuelle des concours régionaux venait à être changée, elle serait certai-

indispensables à la vie ; la culture de l'un touche de
près à la culture de l'autre ; et s'il est vrai que les
travaux de l'intelligence tendent à moraliser, il ne
l'est pas moins que l'homme vertueux se complaît
dans les récréations de l'esprit. En décernant des prix
à la vertu, loin de sortir de nos attributions, nous
ne ferons donc que les confirmer et les étendre.

Depuis quelques années on a beaucoup parlé des

nement remplacée par une autre organisation ayant aussi pour
but d'encourager l'agriculture et de décerner des récompenses,
auxquelles le département de la Moselle pourrait participer. Dans
ce cas, la faveur s'appliquerait toujours au cultivateur qui aurait
remporté le premier prix dans cette réunion agricole.

» Le candidat qui briguerait la faveur établie par le présent legs
devra être né dans le département de la Moselle et y demeurer, être
fils légitime de laboureur, avoir une bonne conduite et s'abstenir
du cabaret. Il devra, en outre, contracter par écrit l'engagement
de ne pas quitter les occupations agricoles au moins pendant un
intervalle de dix années, et il devra réaliser cet engagement (termes
de la loi de 1830, pour les jeunes gens qui se destinent à l'ensei-
gnement et au clergé).

» Si le premier prix ne remplit pas toutes ces conditions, la faveur
sera accordée à celui qui aura obtenu le deuxième prix et qui les
remplira lui-même.

» Il en sera de même si le premier prix se trouvait déjà dans l'une
des exceptions prononcées par la loi. Dans ce cas également le
deuxième prix peut en profiter à sa place.

» Si ni l'un ni l'autre de ces deux lauréats ne remplit les conditions voulues, la somme qui leur aurait été attribuée pour obtenir
leur exonération restera placée pour augmenter le fonds de réserve
destiné à l'emploi qui fait l'objet du présent legs.

» Si l'expérience de plusieurs années faisait juger au Conseil général que le revenu de l'immeuble légué excède la somme nécessaire pour remplir les engagements stipulés ci-dessus, la faveur
d'exonération ci-dessus détaillée pourrait être attribuée à l'un des
fils du vigneron classé, comme le plus méritant du département,
parmi ceux auxquels le Comice agricole de l'arrondissement de
Metz accorde en ce moment des récompenses dans ses distributions

droits de l'homme. Des sociétés, avouées ou secrètes, des publications nombreuses, n'ont eu d'autre but que la revendication de ces droits. Il y a là du bien, Messieurs, car la dignité de l'homme est attachée à l'exercice des droits qui constituent la plénitude d'une existence libre. Mais cette donnée, dégagée de la donnée corrélative du devoir, offre un immense danger, contre lequel il importe de réagir. Si j'ai des droits

annuelles et qui réunissent à un service d'au moins vingt ans sur la métairie le mérite d'un travail intelligent et assidu.

» Le candidat vigneron devra réunir les mêmes conditions que celles prévues pour les laboureurs.

» Si l'organisation actuelle des Comices agricoles venait à être changée, la désignation pourrait être faite par le corps agricole appelé, en place du Comice, à récompenser le service et le travail des vignerons.

» La partie du revenu des biens légués qui ne serait pas absorbée par les emplois qui précèdent serait placée en rentes sur l'État, pour accroître le capital, qui ne devra, en aucun cas, être entamé......

» Fait à Cannes, où je suis de passage, le deux décembre mil huit cent soixante-quatre.

» Je donne au département de la Moselle 40 000 francs, dont le Conseil général fera la répartition entre les petits hospices ruraux, que nous avons appelés maisons de Charité-Napoléon...

» Je lui donne une autre somme de 40000 francs, pour aider à l'entretien et au développement du dépôt de mendicité et hospice de vieillards établi à Gorze. Je voudrais que les vieillards qui, dans les familles rurales et ouvrières, ne sont pas toujours soignés et entourés d'égards, comme ils devraient l'être, par leurs enfants ou parents, trouvassent là un asile et des soins pour leurs vieux jours...

» Je donne et lègue à la commune d'Audun-le-Roman [1], mon

---

[1] M. de Ladoucette aimait à associer son pays aux actes de sa vie. Le jour où il mariait sa fille chérie, chacune des communes qu'il représentait au Conseil général, recevait un titre de rente sur l'État, modeste sans doute, mais qui attestait, une fois de plus, sa sollicitude pour les pauvres de sa circonscription *bien-aimée*.

sur la société, celle-ci, par une juste et inévitable réciprocité, a sur moi des droits, qui m'imposent des obligations, des devoirs à remplir envers mes semblables. Il serait commode, assurément, de faire valoir partout et toujours son droit, sans qu'aucun devoir vînt en gêner la mise en pratique; mais l'idée que représente ce mot occupe naturellement assez de place dans la conscience humaine pour qu'il soit inutile de trop y insister et de le rappeler sans cesse à l'esprit; agir ainsi, c'est souvent faire appel aux

bien-aimé chef-lieu de canton, la somme de 50 000 francs, pour la fondation d'une école de jeunes filles, dirigée par des sœurs de Saint-Vincent-de-Paul ou filles de la Charité, qui tiendront aussi une salle d'asile et soigneront les malades.

» Ces 50 000 francs seront pris sur ma succession, en dehors des biens légués à l'Académie de Metz et au Conseil général de la Moselle. Il y sera pris également la somme nécessaire pour assurer le traitement des deux ou trois sœurs qui seront attachées à cette fondation.

» Drancy, quatre décembre mil huit cent soixante-cinq.

» Je lègue aussi 100 000 francs, à prendre sur les valeurs que je laisserai à mon décès, pour le département des Hautes-Alpes, qui vient de rendre un si flatteur hommage à la mémoire de mon père, en lui érigeant une statue. Cette somme sera mise à la disposition du Conseil général du département, qui la placera en rentes sur l'État, pour distribuer des secours aux habitants des communes pauvres de ce pays, dans les circonstances qui s'y présentent trop fréquemment, d'incendies généraux ou d'inondations à la suite desquelles les habitants de ces communes se trouvent dans une misère si complète. Ce département mérite vraiment que le gouvernement lui vienne en aide d'une manière toute particulière, sans quoi les émigrations des gens pauvres et malheureux rendraient déserte cette partie si intéressante de la France.

» Paris, vingt-cinq octobre mil huit cent soixante-neuf. »

(En ce qui concerne les legs particuliers, et ils sont nombreux, on comprend la réserve qui nous est imposée; nous n'en ferons aucune mention.)

mauvais penchants, parfois aux instincts pervers. Eh
bien! Messieurs, abandonnons à d'autres la tâche
populaire et facile de rappeler à l'homme ses droits;
à nous appartient la mission, plus noble il me semble,
car elle ne flatte pas, de lui rappeler ses obligations
envers la société, envers lui-même; et lorsque nous
aurons rencontré des hommes qui élèvent le devoir
à la hauteur du dévouement et du sacrifice, en leur
attribuant, au nom du bienfaiteur de la vertu, un
témoignage de notre admiration, nous les donnerons
en exemple à tous; nous provoquerons ainsi la contagion de la vertu, comme un puissant remède à la
contagion du vice, si active de nos jours; — active
comme elle l'a, sans doute, toujours été, car j'ai peine
à croire que nous valions moins que nos pères, que
nos aïeux.

L'action la plus méritoire, provoquée par un élan
spontané du cœur, fût-elle accomplie au péril de nos
jours, peut n'avoir rien de commun avec la vertu;
elle n'est que la manifestation, presque inconsciente,
d'un mouvement généreux qui prend sa source à des
motifs divers. Le soldat s'élançant dans les rangs
ennemis pour arracher à la mort son chef, son ca-
marade, pour sauver son drapeau, pour honorer son
régiment, accomplit un acte méritoire, sans doute,
auquel ne manqueront ni applaudissements ni récompenses; mais il agit sous l'empire d'un stimulant
énergique, que nous appellerons, avec l'école de Gall,
approbativité; l'armée a les yeux fixés sur lui, il est
dans tout l'enivrement de la bataille.

Plus méritoire est, peut-être encore, l'acte d'un
citoyen qui, de sang-froid, sans autre stimulant que
celui du bien, s'attache au cou d'un cheval effréné,
s'élance au foyer d'un incendie, brave le courroux

des flots, pour arracher à la mort les victimes que
son dévouement seul peut sauver. Cependant, ces
actions, dignes de nos sympathies et de notre admiration, n'émanent pas toujours d'un homme vertueux,
et l'on ne saurait leur reconnaître la même valeur
qu'au sacrifice modeste, soigneusement caché à tous
les regards, accompli durant une longue période de
temps, sans attente d'autre récompense que celle
d'une conscience satisfaite. Tel est, par exemple, le
domestique sacrifiant, pendant une suite d'années,
à des maîtres bien-aimés, dénués et infirmes, tout
ce que Dieu a mis en lui de force et d'énergie. Ce
sacrifice volontaire, longuement et mûrement réfléchi,
implique toujours une âme vertueuse. Le grand mo-
raliste qui a nom Montaigne, l'avait bien senti déjà,
lorsqu'il écrivait : « Il y a bien à dire contre les
boutées et saillies de l'âme ou une résolue et constante habitude. »

Ne porterions-nous pas le même jugement que
l'Académie française, sur ce modeste ouvrier de nos
contrées dont elle a récompensé la vie de dévouement par l'un de ses prix les plus élevés (10 000 fr.),
en 1825? Roch (Martin), ayant quitté le service en
1815, s'était marié à Montigny-lès-Metz. La famille
de sa femme, composée d'une mère infirme et de
trois enfants aveugles, tomba bientôt toute entière à
sa charge. Il eut lui-même trois enfants. Son modeste
salaire de vingt sous par jour était consacré à ces
infortunes et, plus d'une fois, se refusant à lui-même
le nécessaire, on le vit tomber d'inanition pendant
son travail. Cependant, dans sa noble fierté de vieux
soldat, il ne permit jamais, ni à ses enfants d'adop-
tion, ni à ses propres enfants, de réclamer le pain
de la charité. Il souffrit ainsi pendant dix ans, mais

il assura, du moins, par son sacrifice, l'existence d'une intéressante famille.

Loin de nous la pensée de nier ou d'amoindrir la vertu militaire, bien que nous ne puissions la reconnaître dans les actions d'éclat. Cette abnégation de tous les jours, cet abandon de la personnalité à une discipline qui transforme l'homme en la chose du règlement; qui supporte sans murmures et fatigues et périls, parce que le devoir les impose, parce que l'honneur du drapeau les réclame, voilà la vraie vertu du soldat. C'est aussi de la vraie vertu celle du sauveteur toujours prêt à lancer sa barque au secours des naufragés et qui, souvent, ne saurait plus compter ceux que son dévouement a arrachés à la mort.

L'une et l'autre sont dignes de notre admiration, mais nous n'avons pas pour mission de récompenser la vertu du soldat ni celle du marin; d'autres se sont imposé ce soin. C'est à la vertu patiente du foyer pauvre que s'adresseront de préférence, sinon toujours, nos encouragements; c'est là surtout que nous puiserons des exemples.

Le sort du peuple est que ses vertus restent ignorées. L'enquête nécessitée par la distribution d'encouragements aux plus vertueux des gens du peuple est un défi jeté à cette injustice du sort.

Telle était la pensée du vénérable promoteur des prix décernés, par l'Académie française, aux grands actes de vertu ; telle était aussi, nous l'avons vu, la pensée de M. de Ladoucette, réalisée par la fondation généreuse dont il nous a constitués les mandataires.

Mais il est un écueil à éviter dans la mission confiée à notre zèle. Souvent il est difficile de décider,

entre plusieurs mérites de même ordre ou d'ordres
différents, celui qui, se dégageant de toute influence
personnelle, l'emporte aux yeux de la saine justice.
Et puis, quel danger de se laisser séduire par certaines apparences de vertu, par certains dehors qui
imposent, mais ne résistent point à une investigation
approfondie! N'oublions jamais, à cette occasion, les
paroles d'un des plus éloquents docteurs de l'Église,
Bossuet : « Ceux qui ne se connaissent point en
pierreries, sont trompés par le moindre éclat, et le
monde se connaît si peu en vertu, que la moindre
apparence éblouit sa vue; de sorte qu'il n'est rien
de si aisé, à l'honneur du monde, que de donner du
crédit au vice. » Mais nous sommes suffisamment
avertis, Messieurs, et, grâce à notre expérience des
choses d'ici-bas, jamais, je l'espère, l'Académie impériale de Metz ne contribuera à donner crédit au
vice. L'Académie française exclut du concours au
prix Montyon quiconque aurait tenté une démarche
personnelle pour s'y faire admettre ; nous ne saurions
mieux faire que d'adopter cette sage et prudente
mesure.

Dans une ville comme Metz, où la bienfaisance
est en quête d'infortunes à secourir, où la vertu
modeste trouve si difficilement à se dissimuler, le
sentiment public saura nous la signaler et nous
fournir de précieux éléments d'appréciation. Dans
les campagnes, où la vie de chacun est, en quelque
sorte, percée à jour, notre tâche sera plus facile
encore ; rien n'échappe aux yeux clairvoyants du
voisinage. Mais nous compterons surtout, sans crainte
de nous égarer, sur le concours judicieux des magis-
trats, dont l'incessante sollicitude saura découvrir la
vertu cachée dans l'ombre, aussi bien que démasquer

tout faux semblant de vertu. A l'Académie, Messieurs, appartient l'exécution des volontés suprêmes de M. Ch. de Ladoucette ; à tous le soin de préparer l'accomplissement de sa mission moralisante et providentielle.